Commandant C. GABRIELLI

*Président de l'Amicale des militaires retraités des armées de terre et de mer ayant repris du service pendant la guerre.*

163, rue Saint-Honoré (Place du Théâtre-Français), Paris-1er.



# Le Droit au Cumul

## de la Pension et de la Solde d'activité

### des Militaires retraités reprenant du service pour une guerre

### DEVANT L'OPINION PUBLIQUE

PARIS
CHARLES-LAVAUZELLE & Cie
Éditeurs militaires
*124, Boulevard Saint-Germain, 124*

MÊME MAISON A LIMOGES

1922

# LE DROIT AU CUMUL

## de la pension et de la solde d'activité

### des militaires retraités reprenant du service pour une guerre DEVANT L'OPINION PUBLIQUE



---

L'opinion publique est souvent induite en erreur par les légendes dont on lui laisse ignorer l'origine.

C'est ainsi que, pendant la dernière guerre, on a retenu, à tort, la pension des militaires retraités mobilisés, sous prétexte que la loi ne permettait pas de percevoir, en même temps, une pension militaire et une solde d'activité.

Un décret, en date du 12 août 1914, dû à l'initiative du Ministre des finances (Direction de la Dette inscrite), affranchit, toutefois, de cette interdiction, ceux de ces militaires qui étaient à solde journalière.

Ce décret, ratifié par la loi du 17 mars 1915, n'était pas nécessaire pour donner satisfaction aux militaires qu'ils visaient, puisque, comme nous allons le voir, ils étaient déjà autorisés, par les lois existantes, à cumuler leur solde avec leur pension.

Mais la Dette inscrite ayant passé sous silence ces lois et en ayant ainsi forgé une autre (décret du 12 août 1914), qu'à tort elle croyait nécessaire pour manifester sa bienveillance à l'égard des militaires retraités mobilisés avec solde journalière, on en déduisit que les militaires retraités mobilisés avec solde mensuelle ne pouvaient bénéficier de ce cumul et l'Administration des finances s'empressa de retenir leur pension, contrairement au principe : qu'une pension ne peut être suspendue si un texte de loi ne le prescrit formellement. Or, ainsi que nous allons le prouver, aucun texte législatif ne prescrit cette suspension pour les militaires.

Mais, si les bureaux de l'Administration des finances ne gouvernent pas, ils font souvent la loi en affirmant qu'elle existe, et ils sont crus sur parole, car le Ministre ne peut pas tout voir et tout savoir par lui-même; il ne peut qu'accepter les indications de ses bureaux et, le cas échéant, il n'a qu'à réciter sa leçon pour qu'on l'écoute. C'est ce que faisait observer M. Casimir Périer, rapporteur de la loi du 18 août 1881 sur les suppléments de pension aux anciens militaires retraités, à la séance de la Chambre des députés du 8 juin, lors de la discussion de ladite loi, en s'exprimant ainsi :

« Qu'est-ce donc que nous avons contre nous?

» Les bureaux du ministère des finances, du ministère de la guerre et du ministère de la marine qui, tous, se personnifient et se *concentrent dans le bureau de la Dette inscrite et du service des pensions au ministère des finances.*

» Je respecte infiniment les bureaux, mais, enfin, il est étrange, — je ne voudrais pas grossir le mot et je le retire volontiers, — il est regrettable pour nous de n'avoir ici d'*adversaires*, prêts à discuter la question à fond, que de très honorables directeurs de services, *qui ne sont pas là devant nous*, et dont pourtant on nous donne les dires et les travaux comme oracles. »

Oui, on peut dire que c'est le bureau de la Dette inscrite qui a créé de toutes pièces la légende que la loi interdit le cumul d'une solde militaire et d'une pension militaire. Ignorant les lois militaires, et persuadée que les dispositions législatives concernant les pensions des fonctionnaires civils s'appliquent aussi aux pensions militaires, elle n'a pas hésité à prendre, dans ce sens, les mesures que les circonstances de la guerre ne lui ont pas permis de bien étudier et qu'elle n'aurait pas appliquées si elle avait mieux connu la question.

Aussi, M. Doumer, Ministre des finances, a pu dire à la séance de la Chambre du 28 avril dernier, en parlant de la règle concernant le cumul des pensions et des traitements civils :

« L'Administration (celle des finances) a voulu l'appliquer aux pensions militaires; elle l'a peut-être fait dans des conditions qu'on peut juger excessives. »

La Direction de la Dette inscrite s'est, en effet, inspirée, en l'appliquant aux retraités militaires, de l'article 28 de la loi du 9 juin 1853 sur les pensions civiles, lequel est ainsi conçu :

« Lorsqu'un pensionnaire est remis en activité dans le même service, le payement de sa pension est suspendu. »

Cet article ne fait que reproduire le principe de l'article 10 de la loi du 22 août 1790, disant que nul ne pourra recevoir en même temps une pension et un traitement. Les principes de la loi de 1790, abrogée par celle du 9 juin 1853 sur les pensions civiles, ayant été reproduits dans cette dernière, la Dette inscrite a pensé que l'interdiction visée par l'article 28 devait, par analogie, être également maintenue pour les pensionnaires militaires.

Elle ne se doutait certainement pas que, pour ces derniers, l'article 10 de la loi du 22 août 1790 avait déjà été abrogé par les lois du 18 thermidor an II, 28 fructidor an VII et 11 avril 1831 et que, dans aucune de ces lois, on n'avait reproduit l'interdiction du cumul de la pension et de la solde pour les militaires retraités ne reprenant du service que pour voler au secours de la patrie. Elle ne se doutait pas, non plus, que, dans ce cas, au contraire, elles prescrivaient formellement le droit à ce cumul.

Pour s'en rendre compte, il n'y a qu'à passer en revue toute la législation sur les pensions militaires et c'est ce que nous allons faire :

### 1° LOI DU 22 AOUT 1790.

On sait qu'avant la loi du 22 août 1790 les pensions étaient accordées pour n'importe quelle durée de service et relevaient plutôt du domaine des grâces.

L'Assemblée constituante, afin de faire cesser les abus, décida, par cette loi, que les pensions d'ancienneté ne seraient désormais accordées qu'après trente ans de service. Toutes les pensions accordées pour des services inférieurs à ce chiffre devaient être supprimées et recréées; mais, pour cela, certains militaires retraités furent autorisés à reprendre du service pour compléter ces trente ans.

La loi décidait, aussi, qu'on ne pouvait percevoir en même temps une pension et un traitement.

Elle fut immédiatement appliquée aux fonctionnaires civils et l'Assemblée constituante vota un crédit de 10 millions qui furent inscrits au Trésor pour les pensions liquidées. Pour eux, cette loi resta en vigueur jusqu'au 9 juin 1853, date à laquelle fut faite une nouvelle loi spéciale sur les pensions civiles.

Quant aux militaires, l'Assemblée constituante invita le Ministre de la guerre à lui présenter une loi spéciale, et l'article 16 de la loi du 22 août 1790 réserva, pour cela, les crédits qui leur étaient nécessaires.

Cette loi ne fut élaborée qu'au mois de fructidor an VII; mais, en attendant son vote, celles des 29 avril et 31 mai 1792 et du 18 thermidor an II prescrivirent que les militaires retraités qui n'avaient pas été incorporés dans l'armée permanente, mais qui volaient seulement au secours de la patrie, pendant la guerre de la Liberté, devaient percevoir cumulativement leur pension et leur solde.

### 2° LOIS DES 29 AVRIL ET 31 MAI 1792.

Les lois des 29 avril et 31 mai 1792 organisaient des légions pour renforcer l'armée à la guerre. Elles contiennent les dispositions suivantes :

« Art. 10. — Les militaires retirés du service avec pension ou un traitement militaire quelconque et qui rentreront en service dans la légion toucheront, pendant la durée de la présente guerre seulement, outre les appointements du grade qu'ils occupent, la pension ou traitement militaire dont ils jouissent. »

### 3° LOI DU 18 THERMIDOR AN II.

Celle du 18 thermidor généralisa ce principe pour toute l'armée; elle est ainsi conçue :

« N° 189. — *Loi relative aux militaires retirés avec traitement avant la guerre de la Liberté et qui se sont, de nouveau, dévoués au service de la République* (du 18 thermidor, l'an deuxième de la République française, une et indivisible). — Un membre propose, par amendement au décret qui interdit aux fonctionnaires de cumuler deux traitements ou pensions, d'excepter les militaires qui, retirés avec traitement ou pension avant la guerre de la Liberté, se sont à nouveau dévoués au service de la République.

» La Convention passe à l'ordre du jour, motivé sur le décret de l'Assemblée législative qui, en appelant les citoyens à la défense de la patrie, a assuré à ses anciens défenseurs le traitement ou retraite qu'ils pourraient avoir obtenu cumulativement avec leurs appointements. »

### 4° LOI DU 28 FRUCTIDOR AN VII.

Cette loi, appelée : « loi sur les soldes de retraite », parce que les pensions militaires étaient payées sur les fonds de la solde, n'était autre que la loi spéciale sur les pensions militaires élaborée par le Ministre de la guerre sur l'injonction de l'Assemblée législative de 1790 dont elle respecte les principes généraux pour les militaires pensionnés réincorporés à titre permanent pour parfaire leurs trente ans de service.

Pour les militaires retraités se dévouant de nouveau au service de la patrie pendant la guerre seulement, elle ne fit que confirmer les dispositions de la loi du 18 thermidor an II et l'article 4 fut rédigé en conséquence. C'est le rapporteur de la loi au Conseil des Anciens, M. Boutteville, de la Somme, qui nous le dit en s'exprimant ainsi devant cette Assemblée :

« L'attention du Conseil est appelée, pour la seconde fois, sur l'un des objets qui excitent le plus constamment sa sollicitude. Il s'agit du sort des braves défenseurs de la patrie.

» La première résolution que vous avez déclaré, dans votre séance du 2 floréal dernier, ne pouvoir adopter, avait été prise au Conseil des Cinq Cents après trois lectures constitutionnelles.

» Celle d'aujourd'hui est présentée dans la forme d'urgence.

.......................................................

» L'article 4 de la première résolution portait :

« Nul ne peut, à la fois, jouir de la solde de retraite et de celle » d'activité pour un service *militaire quelconque;* c'est-à-dire, ob» servait le rapporteur, qu'un militaire retiré, qui volerait au » secours d'une commune, d'un département troublé, ne recevra » pas la paye momentanée que toucheront ses braves camara» des. »

» Le Conseil des Cinq Cents s'est empressé de faire disparaître cette injustice en substituant aux mots : « pour un service mili» taire quelconque », ceux-ci : « *Pour un service militaire per-* » *manent.* »

En même temps, l'article 5 annulait en faveur des pensionnés militaires les dispositions prohibitives de l'article 10 de la loi du 22 août 1790, en leur permettant de cumuler, en tout temps, leur pension avec un traitement civil.

S'il est parfaitement établi que ces mots « *pour un service militaire permanent* » ont été insérés dans la loi uniquement pour permettre aux militaires retraités, qui ne servaient que pendant la guerre, de cumuler leur pension et la solde d'activité, il est également démontré que, pour eux, l'article 10 de la loi du 22 août 1790 a été totalement abrogé.

### 5° ORDONNANCE DU 27 AOUT 1814.

L'ordonnance du 27 août 1814 donnait les règles d'application de la loi du 28 fructidor. L'article 8 en était ainsi conçu :

« L'officier réformé qui a repris de l'activité compte pour moitié le temps pendant lequel il a joui du traitement de réforme; mais, dans aucun cas, il ne peut être admis à compter plus de dix années de réforme. »

On appelait officiers réformés ceux qui, par suite d'organisation, de licenciement ou de suppression d'emploi dans l'armée, avaient été renvoyés dans leurs foyers, avec une pension, appelée « solde de retraite » avant la loi de fructidor an VII, et « traitement » après cette loi.

Ils rentraient ainsi dans la catégorie visée par l'article 4 de la loi de fructidor et ne pouvaient cumuler cette pension avec la solde d'activité.

L'article 13 prescrivait que la solde de retraite pouvait se cumuler avec tout autre traitement que la solde d'activité, et cela d'accord avec l'article 5 de la loi de fructidor.

L'article 14 était d'accord avec l'article 4 de cette même loi. Mais il prescrivait que le service militaire dans lequel il était permis de cumuler une solde de retraite antérieure avec une solde d'activité ne pouvait être compté comme effectif et, par conséquent, ne pouvait donner lieu à l'accroissement de la pension déjà obtenue. Ce service était celui accompli par les militaires pensionnés se dévouant de nouveau au service de la patrie, pour la guerre de la Liberté seulement, mais ne pouvant rester dans les cadres de l'armée permanente.

L'article 14 confirmait ainsi, pour les militaires qui ne servaient pas à titre permanent, c'est-à-dire ceux qui reprenaient du service pour faire la guerre, le droit de cumuler leur solde et leur pension.

L'article 15 visait les militaires admis à la solde de retraite pour cause d'infirmité avant vingt ans de service effectif et prescrivait, d'accord avec la loi de fructidor, que ceux dont l'état se trouvait amélioré devaient reprendre du service à titre permanent.

Dans ce cas, l'article 4 de ladite loi leur était applicable, mais ils avaient la faculté de rester dans leurs foyers; alors ils cessaient d'avoir droit à la solde de retraite.

### 6° LOI DU 25 MARS 1817.

La loi de finances du 25 mars 1817 reproduisait, à l'article 27, les prescriptions générales de l'article 10 de la loi de 1790, non encore abrogées pour les fonctionnaires civils.

Elle était ainsi conçue :

« Nul ne pourra cumuler deux pensions ni une pension avec un traitement d'activité de retraite ou de réforme. Le pensionnaire aura le choix de la pension ou du traitement le plus élevé.

« Néanmoins, les pensions de retraite pour service militaire pourront être cumulées avec un traitement civil d'activité. »

Il y a lieu de remarquer que cette loi était d'accord avec la loi de fructidor d'un côté et la loi de 1790 de l'autre.

D'accord avec la loi de fructidor, parce que l'interdiction du cumul ne s'appliquait qu'aux militaires servant à titre permanent visés par l'article 4 de cette loi et par les articles 8 et 15 de l'ordonnance du 27 août 1814. Elle respectait aussi l'article 5 de la loi de fructidor en permettant le cumul d'une pension militaire avec un traitement civil d'activité.

D'accord avec la loi de 1790, parce qu'elle reproduisait l'interdiction prescrite par cette loi pour les fonctionnaires civils. Ainsi, l'article 27 de la loi du 25 mars 1817 ne pouvait concerner les militaires retraités reprenant momentanément du service pour une guerre et dont les droits au cumul étaient formellement établis par la loi du 18 thermidor an II, celle de fructidor an VII et l'ordonnance du 27 août 1814.

D'une portée générale, pouvant s'appliquer, le cas échéant, aux militaires retraités n'ayant pas trente ans de services et servant à titre permanent, il visait plus spécialement les pensionnaires civils, car il ne faisait que reproduire les dispositions de l'article 10 de la loi du 22 août 1790, dispositions abrogées pour les militaires retraités rappelés momentanément par une guerre, et intégralement maintenus pour les civils. Aussi, c'est par une loi sur les pensions civiles, celle du 9 juin 1853, que le premier paragraphe de cet article a été définitivement abrogé. Pour les militaires, il était déjà sans objet et avait été, en outre, abrogé par la loi du 11 avril 1831.

## 7° ORDONNANCE DU 20 JUIN 1817.

L'ordonnance du 20 juin 1817 régla le mode d'exécution du titre 4 de la loi du 25 mars 1817. Elle transforma en pensions militaires définitives les soldes de retraite payées dorénavant par le Trésor public à la place du budget de la solde et pour lesquelles 20 millions avaient été alloués par la loi du 25 mars 1817.

L'article 7 de cette ordonnance prescrivait que les soldes de retraite purement temporaires devaient continuer à être payées par les soins du Ministre de la guerre, tandis que les soldes de retraite transformées en pensions devaient être payées par le Ministre des finances, dans le lieu le plus voisin du domicile des titulaires.

L'article 12 prescrivait que ces titulaires devaient produire des certificats de vie délivrés par les notaires certificateurs; c'est pour ceux-là seuls que l'article 10 exigeait la mention dans ces certificats que les titulaires ne jouissaient d'aucun traitement ni d'aucune autre pension ou solde de retraite soit à la charge de l'Etat, soit sur les fonds de retenue des diverses administrations ou des invalides de la marine.

Cette mention ne pouvait donc viser les militaires retraités se trouvant sous les drapeaux. D'ailleurs, les prescriptions de cette ordonnance se trouvaient elles-mêmes sans effet depuis l'abrogation du premier paragraphe de l'article 27 de la loi du 25 mars 1817 qui en faisait l'objet.

## 8° LOI DU 22 MARS 1831 SUR LA GARDE NATIONALE.

La loi du 22 mars 1831 organisait la garde nationale et prescrivait que des corps de cette garde pouvaient être détachés comme auxiliaires de l'armée active. Dans ce cas, ainsi que le prescrivait l'article 159 de la loi, les militaires retraités cumulaient leur solde avec leur pension.

La loi était ainsi d'accord avec toutes celles qui l'ont précédée.

## 9° LOI DU 11 AVRIL 1831 SUR LES PENSIONS MILITAIRES.

La loi du 11 avril 1831 abrogea toutes les lois que nous venons de citer pour constituer la charte des pensions militaires encore en vigueur aujourd'hui.

Dans son exposé des motifs, le maréchal Soult, Ministre de la guerre, s'exprimait ainsi :

« En ce qui touche les conditions constitutives des droits, nous nous sommes fondés sur l'esprit des lois précédentes et sur les résultats de l'expérience. »

L'article 6, tenant compte des prescriptions des lois antérieures, fut ainsi rédigé :

« Le temps passé hors de l'activité avec jouissance d'une pension de retraite ne peut entrer dans la supputation du service effectif.

» Il en est de même du temps pendant lequel une pension militaire aura été cumulée avec la solde d'activité dans les corps détachés de la garde nationale comme auxiliaires de l'armée active, à moins que le pensionnaire n'ait acquis dans ces corps, et par les causes énoncées au titre II ci-après, des droits à une pension plus élevée ou *qu'il n'y ait fait campagne, auquel cas il jouira du bénéfice de l'article 7.* »

C'est-à-dire, de compter le temps passé en campagne, et la campagne elle-même, comme service effectif augmentant la pension.

Il maintenait donc, pour les militaires retraités ayant repris momentanément du service, le droit au cumul de la pension et de la solde, aussi bien en temps de paix qu'en temps de guerre. Il ajoutait pour ceux qui faisaient campagne, contrairement à l'article 14 de l'ordonnance du 27 août 1814, l'avantage de compter comme effectif et donnant lieu à revision de pension, le service accompli pendant cette période. Les explications sur chacun des articles ayant fait l'objet d'un appendice à l'exposé des motifs, c'est à cet appendice qu'il y a lieu de se reporter pour connaître la volonté du législateur exprimée par l'article 6 de la loi.

Cet appendice, qui n'existe qu'en un seul exemplaire aux archives de la Chambre des députés, est resté ignoré jusqu'à ce jour. Il n'y a qu'à le consulter pour voir que les dispositions de l'article 6 confirment, en partie, celles de l'article 14 de l'ordonnance du 27 août 1814 et en entier celles de l'article 159 de la loi du 12 mars 1831, disant que le service militaire, dans lequel il est permis de cumuler une solde de retraite antérieure avec les avantages attachés à ce service, ne peut donner lieu à l'accroissement de la solde de retraite déjà obtenue. Et le maréchal Soult ajoute :

« *Toutefois, si le pensionnaire a été blessé par un événement dans son nouveau service ou s'il a fait campagne dans le cours dudit service, « il paraît juste » de ne pas lui opposer le cumul de sa pension primitive avec la solde d'activité.* »

Voilà donc clairement expliqué l'article 0 de cette loi qui est encore aujourd'hui, nous l'avons déjà dit, la charte des pensions militaires, et c'est grâce à cet article et à l'article 40 de la loi du 24 juillet 1873, qui en est la conséquence, que la loi du 16 avril 1920 a pu réaliser la revision de nos pensions sur le dernier grade obtenu, sans porter atteinte au droit formel de cumuler notre pension primitive avec la solde d'activité.

### 10° ORDONNANCE DU 25 DÉCEMBRE 1837.

L'ordonnance du 25 décembre 1837 n'était qu'un règlement sur la solde, ne pouvant, en aucune façon, modifier la loi du 11 avril 1831 sur les pensions militaires.

Son article 28 disait bien qu'on ne pouvait cumuler une solde d'activité avec une pension civile ou militaire, mais il ajoutait que cette disposition était prise *par application de l'article* 27 *de la loi du* 25 *mars* 1817.

Or, nous avons vu que cet article, d'ailleurs abrogé, ne concernait pas les militaires pensionnés, n'accomplissant pas un service militaire à titre permanent.

Il ne pouvait donc viser ceux qui ne reprenaient du service que pour la durée d'une guerre, mais seulement ceux faisant l'objet de l'article 4 de la loi du 28 fructidor an VII, c'est-à-dire n'ayant pas trente ans de service et incorporés à titre permanent dans l'armée pour y parfaire ces trente ans. Il visait aussi les militaires réformés faisant l'objet de l'article 15 de l'ordonnance du 27 août 1814.

L'ordonnance de 1837, remplacée par d'autres, et finalement par le décret du 10 janvier 1912, était donc, comme l'article 27 de la loi du 25 mars 1817, sans objet pour nous et tombait d'elle-même lors de l'abrogation de l'article 27 précité par la loi du 9 juin 1853; même si elle n'avait pas été abrogée, elle n'aurait pu avoir aucun effet sur les militaires retraités ayant repris momentanément du service pendant une guerre.

### 11° LOI DU 26 AVRIL 1855 SUR LA DOTATION DE L'ARMÉE.

L'article 19 de cette loi, titre IV, a augmenté de 165 francs par an les pensions de retraite des sous-officiers, brigadiers et soldats et a fixé pour eux l'acquisition du droit à la pension de retraite à vingt-cinq ans accomplis de service effectif.

C'est la seule modification apportée à la loi du 11 avril 1831, et le dernier alinéa de l'article ajoute :

« Toutes les autres dispositions de la loi du 11 avril 1831 sont maintenues. »

La loi du 1er février 1868 abrogea certaines dispositions de la loi du 26 avril 1855, sauf les articles 19 et 20, concernant les pensions de retraite. Elle faisait aussi ressortir que toutes les dispositions de la loi du 11 avril étaient applicables à la garde nationale mobile appelée à l'activité.

### 12° DÉCRET DU 31 MAI 1862 SUR LA COMPTABILITÉ PUBLIQUE.

L'examen de la législation précédente fait nettement ressortir qu'il n'existe aucune disposition interdisant aux militaires retraités, reprenant momentanément du service pour une guerre, le cumul de la pension et de la solde d'activité, mais, qu'au contraire, dans toute celle qui a suivi la loi du 22 août 1790, on trouve la prescription du droit à ce cumul.

C'est justement parce que ce droit est formel et qu'aucune législation ne l'interdit, que l'article 67 du décret du 31 mai 1862 sur la comptabilité publique, décret fondamental *s'appliquant à tous les ministères*, dit que « *les pensions militaires ne sont pas soumises aux dispositions prohibitives du cumul de traitements* ».

Il y a lieu de remarquer que la notice annexée à ce décret dit que, dans la rédaction de cet article 67, il a été tenu compte des lois en vigueur sur le cumul. Et c'est pour cela qu'il renouvelle pour les fonctionnaires civils tous les cas de suspension de la pension, insérés dans la loi du 9 juin 1853 et, de plus, reproduit, au sujet du cumul, les dispositions de l'article 28 de ladite loi, disant que, « lorsqu'un pensionnaire civil est remis en activité dans le même service, sa pension est suspendue ». On voit bien, par là, ainsi que l'a reconnu M. le Ministre des finances lui-même, dans une lettre qui est en notre possession, que pour qu'une pension puisse être suspendue, il faut que la loi prescrive formellement cette suspension.

Cela est d'accord avec l'article 613 du traité de jurisprudence militaire de M. le Conseiller d'Etat Dislère, disant qu'une pension militaire ne peut être suspendue que dans les cas définis par l'article 26 de la loi du 11 avril 1831.

Or, le décret du 31 mai 1862, ainsi que les titres de pension, mentionnent bien, pour les militaires, les cas de suspension prévus par l'article 26 de la loi du 11 avril 1831, mais ne contiennent aucune disposition interdisant le cumul d'une pension et d'un traitement d'activité pour les militaires pensionnés reprenant du service.

Si cette interdiction avait existé dans la loi du 11 avril 1831 comme dans celle du 9 juin 1853, le décret du 31 mai 1862 n'aurait pu manquer de la reproduire, car, nous venons de le dire, ce décret a tenu compte de toutes les lois en vigueur sur le cumul.

Et le Ministre des finances le savait tellement bien qu'il s'est gardé de porter sur son compte général, comme suspendues, les pensions militaires qu'il avait retenues contrairement à la loi. Il les a portées en payement, mais ne les a pas payées pour les faire figurer en excédent de recettes.

Aucune interdiction de cumul n'existant pour les militaires, l'article 67 ne pouvait donc qu'en tenir compte en disant que « *les pensions pour services militaires ne sont pas soumises aux dispositions prohibitives de cumul de traitements* ».

Déjà, avant la loi de 1831, dans une proposition de loi nouvelle sur l'interdiction du cumul de traitements, le rapporteur s'exprimait ainsi :

« Au-dessus de toutes les faiblesses, par son courage, prêt à sacrifier son existence pour la gloire et pour son pays, le guerrier est esclave de son honneur et de son drapeau, il ne peut perdre son épée et son grade parce qu'il est attaché toute la vie à sa noble destination. Il ne peut pas, un seul instant, cesser de se souvenir qu'il est soldat. Après une longue carrière, et trente années d'épreuves, une pension de retraite est le prix de ses travaux. »

Cette retraite, qui est sa propriété et dont le caractère est inviolable, ne pouvait être soumise aux dispositions prohibitives de cumul de traitements; et elle ne l'a pas été ainsi que le proclame le décret du 31 mai 1862.

Ce décret est donc d'accord avec la loi du 11 avril 1831 pour confirmer aux militaires retraités ayant repris du service pour la durée de la guerre, le droit de cumuler leur pension et leur solde.

## 13° LOI DU 1er FÉVRIER 1868 SUR LA GARDE NATIONALE MOBILE.

Nous avons vu que la loi du 22 mars 1831 sur la Garde nationale prescrivait que les militaires retraités appartenant à cette garde et faisant partie des corps détachés pour un service de guerre devaient cumuler leur pension avec la solde d'activité. Cette prescription était renouvelée dans la loi du 11 avril 1831 (article 6).

D'aucuns ont pu penser que la loi du 1er février 1868, modifiant celle du 22 mars 1831, a pu également modifier, en les supprimant, les dispositions de cette loi concernant le droit au cumul. Nous allons voir que, non seulement ce droit n'a pas été supprimé par la loi du 1er février 1868, mais que, au contraire, il a été élargi.

Le titre VI de la loi du 22 mars 1831 sur la Garde nationale organisait des corps détachés de cette garde comme auxiliaires de l'armée active en cas de guerre.

Le projet primitif de la loi prévoyait une garde nationale sédentaire et une garde nationale mobile pour le service de guerre.

La Chambre des pairs ne voulut pas de cette distinction et donna à la garde nationale son caractère général d'unité; les dispositions relatives à la garde nationale furent insérées dans le titre VIII du projet de loi et la dénomination de *garde nationale mobile* fut échangée en celle de « *corps détachés de la garde nationale* ». L'article 159, concernant ces corps, prescrivait que *les anciens officiers, sous-officiers et soldats jouissant d'une pension de retraite, cumuleraient pendant la durée de leur service de guerre leur pension et la solde d'activité des grades qu'ils auraient obtenus dans la garde nationale.*

En temps de paix, les corps de la garde nationale n'étaient pas soldés; ce n'est *qu'exceptionnellement* que les majors et adjudants-majors *pouvaient recevoir des appointements et seulement dans les* localités où leurs *fonctions ne pouvaient être exercées gratuitement.*

En 1868, on constata que l'organisation de la garde nationale non exercée n'était pas une force pour le pays en cas de guerre;

aussi, sur les instances du maréchal Niel, les corps de la garde nationale, qui devaient être détachés avec l'armée active en cas de guerre, furent enlevés à la garde nationale et constituèrent une garde spéciale sous le nom de *garde nationale mobile*, ainsi qu'ils figuraient dans le premier projet de la loi du 22 mars 1831. Ils pouvaient alors être recrutés à part et recevoir leur instruction en vue de la guerre.

Leur administration et leur instruction furent assurées par des *cadres permanents*. Conformément à l'article 8, ces cadres ne recevaient de traitement que si la garde nationale mobile était appelée à l'activité et le dernier alinéa de l'article ajoutait :

« Sont seuls exceptés de cette disposition : 1° l'officier chargé spécialement de l'administration et les officiers et sous-officiers d'instruction. »

Ces dispositions étaient plus larges que celles concernant la garde nationale où ces fonctions étaient gratuites.

Les appointements de ces cadres furent fixés par un instruction ministérielle. Parmi ces cadres, il y avait des militaires retraités et d'autres non retraités.

Pour l'application de l'article 8 de la loi, l'instruction ajoutait : « *Les militaires retraités pourvus d'un emploi soldé cumuleront le traitement attribué à cet emploi avec leur pension de retraite.* ».

Elle prescrivait, en outre, conformément à l'article 10, que les titulaires des emplois soldés étaient soumis, d'une *manière permanente*, aux règlements militaires en tout ce qui concernait la discipline et le service de la garde nationale mobile, alors que, jusqu'à leur appel à l'activité, les autres militaires étaient soumis à des règles spéciales indiquées par la loi mais non aux règlements militaires.

L'administration des militaires soldés était vérifiée et régularisée par les soins de l'intendance militaire comme celle de l'armée active.

Ainsi, la loi du 1er février 1868 sur la garde mobile n'a pas aboli les dispositions de la loi du 22 mars 1831, relatives au cumul de la pension et du traitement des militaires retraités de cette garde. Elle n'a fait, au contraire, que renforcer ces dispositions et, si elle est restée muette au sujet du cumul en temps de guerre, c'est qu'elle n'avait pas à reproduire les dispositions de l'article 159, puisqu'elles figuraient déjà dans la loi du 11 avril 1831, laquelle n'était pas modifiée.

Au lieu de restreindre le droit au cumul, elle l'a, au contraire, étendu au temps de paix pour les cadres soldés, ce que n'avait pas fait la loi du 22 mars 1831. Les militaires appartenant à ces cadres soldés ne pouvaient, dès lors, perdre leur droit au cumul pendant la guerre.

L'article 6 de la loi du 11 avril 1831 leur garantissait ce droit aussi bien que celui de compter comme effectif le service accompli pendant cette période.

La loi du 27 janvier 1872 l'a reconnu, d'ailleurs, elle-même, en l'étendant aux gardes nationales sédentaires des places fortes assiégées, car « il était juste », comme l'avait dit le maréchal Soult, en expliquant les dispositions de l'article 6 de la loi du 11 avril 1831, de ne pas leur opposer, dans ce cas, le cumul de la pension primitive avec la solde d'activité.

Elle n'était, en fait, que l'application de la loi du 1er février 1868, dont l'auteur, le maréchal Niel, et le rapporteur, M. Gressier, déclaraient lors de sa discussion, en réponse aux questions posées par le général Lebreton, « qu'un capitaine en retraite nommé chef de bataillon dans la garde nationale mobile, pendant la guerre, resterait définitivement chef de bataillon *et verrait certainement sa retraite réglée d'après le grade avec lequel il aura combattu contre l'ennemi* ».

Le maréchal Niel ajoutait : « Si la garde nationale mobile est appelée à combattre comme auxiliaire de l'armée active, il est hors de doute que tout officier, sous-officier ou soldat qui aura pris part à la lutte aura les mêmes droits aux récompenses et à la retraite que dans les corps de l'armée active; la loi le dit, par conséquent, *cela viendra* de soi sans qu'on ait autrement à s'en préoccuper. »

Ces dispositions s'inspiraient bien de celles de la loi du 11 avril 1831, qui, ainsi que l'affirmait le maréchal *Soult* dans l'appendice à son rapport, ne voulant pas accorder en temps de paix aux militaires retraités de la garde nationale la revision de leur pension sur un grade supérieur obtenu dans cette garde, ne leur comptait pas ce service comme effectif; tandis qu'en temps de guerre, *il est juste*, disait-il, de ne pas leur opposer pour cette revision le cumul de la solde d'activité avec leur pension primitive.

## 14° LOI DU 24 JUILLET 1873 SUR L'ORGANISATION DE L'ARMÉE.

La loi du 24 juillet 1873 a réorganisé l'armée après la guerre de 1870. Elle a supprimé la garde mobile et la garde nationale en les remplaçant par la réserve de l'armée active et par l'armée territoriale.

L'article 40 de cette loi accorde aux officiers de réserve et à ceux de l'armée territoriale, tous les droits des officiers de l'armée active lorsqu'ils sont appelés sous les drapeaux et ajoute que ceux qui jouissaient d'une pension de retraite peuvent faire reviser leur pension.

D'après la teneur de cet article, on pourrait croire que leur service, en temps de paix, comme en temps de guerre, pourrait leur être compté comme effectif.

Il en serait ainsi si l'article 6 de la loi du 11 avril 1831 avait été abrogé, mais cette loi, au contraire, a été respectée, et c'est sur cet article que l'on s'est basé pour prescrire la revision des pensions, qui n'est prévue que pour une campagne ou pour blessures.

A la question de savoir si cette revision aurait lieu d'après les nouveaux grades que les officiers auxiliaires ou de l'armée territoriale auraient pu obtenir pendant leur présence sous les drapeaux, la commission chargée de rapporter la loi fit observer que « cette loi devait se contenter d'ouvrir le droit sans le définir; les intéressés, disait-elle, devront en demander la définition aux lois sur les pensions de retraite et sur l'avancement ».

Or, la loi en vigueur sur les pensions de retraite était, et est encore, celle du 11 avril 1831; c'est d'ailleurs sur cette loi et sur celle du 1er février 1868, visées par le rapport et l'article 40 de la loi du 24 juillet 1873, que la loi du 16 avril 1920 a pu se baser pour reviser, sur le nouveau grade, les pensions des militaires retraités ayant repris du service pendant la dernière guerre, reproduisant ainsi des droits déjà existants.

La loi du 24 juillet 1873 ne fait donc que confirmer celle du 11 avril 1831 et avec celle-ci le droit au cumul de la pension avec la solde d'activité.

## 15° LOI DU 13 MARS 1875 SUR LES CADRES ET LES EFFECTIFS.

La loi du 13 mars 1875 fixa la composition des cadres et des effectifs de l'armée réorganisée par la loi du 14 juillet 1873.

La *garde mobile* fut remplacée par la réserve, dont les militaires étaient administrés et instruits par classes par l'armée active lors des appels périodiques.

Les cadres permanents soldés, prévus par la loi du 1er février 1868, n'avaient donc plus de raison d'être.

La garde nationale sédentaire fut remplacée par l'armée territoriale, qui conserva, comme la première, son autonomie.

Mais son instruction était faite par ses cadres mêmes, lors des appels périodiques effectués par classes. Les instructeurs permanents soldés n'étaient plus nécessaires. Seule l'administration avait besoin, en tout temps, d'un capitaine-major et, le cas échéant, d'un lieutenant adjoint et de deux sous-officiers.

Les instructeurs permanents soldés disparaissaient, seuls les officiers et sous-officiers désignés ci-dessus étaient maintenus en permanence et soldés. Parmi ceux-là, les officiers retraités conservaient le droit au cumul prévu par la loi du 1er février 1868.

A l'égard des instructeurs, le rapporteur de la loi du 13 mars 1875 s'exprime ainsi :

« Le personnel d'instructeurs soldés disparaît, il n'existe plus aucune raison de donner un traitement aux officiers supérieurs et aux commandants de compagnie et de batterie qui ne seront astreints à aucun service en dehors des réunions d'exercice.

» Ce n'est que pendant la durée de ces réunions qu'ils seront soldés, ainsi que tous les militaires de l'armée territoriale appelés à l'activité. »

Il est évident que le législateur, en s'exprimant ainsi, n'a pas entendu retirer à l'officier instructeur retraité le droit de cumuler pendant ses périodes sa pension et son traitement, droit qui lui était reconnu et appliqué lorsqu'il était employé en permanence à cette instruction, conformément à la loi du 1er février 1868, et maintenu aux officiers chargés en permanence de l'administration de l'armée territoriale. Il n'avait pas, d'ailleurs, besoin de le dire, car la loi du 11 avril 1831 l'avait bien spécifié.

Pour les officiers retraités de la réserve et de l'armée territoriale, le droit au cumul pendant les périodes d'exercice ne pouvait faire de doute, seulement l'article 6 de la loi du 11 avril 1831 leur était applicable et le service accompli pendant ces périodes ne leur était pas compté comme effectif.

Pour les militaires employés en permanence en temps de paix à l'instruction et à l'administration, la loi du 1er février 1868 avait fixé un taux spécial de traitement.

La loi du 13 mars 1875 voulut également en fixer un pour les militaires retraités employés en permanence à l'administration de l'armée territoriale, et c'est dans ce but que l'article 53 de la loi fut ainsi rédigé :

« La solde attribuée aux capitaines-majors, aux officiers adjoints et aux sous-officiers (tous pouvaient appartenir à l'armée active) est celle que les règlements allouent aux capitaines, lieutenants, sous-lieutenants et sous-officiers employés dans le service du recrutement (les soldes étaient alors différentes selon les armes et les services). »

L'article ajoute : « Le traitement des officiers en retraite est complété à la solde d'activité. »

Il s'agit bien là d'un traitement et non d'une pension; mais, par analogie à ce qui était prescrit par l'article 18 de la même loi pour les officiers du recrutement, on attribua ces dispositions à la pension des officiers retraités employés en permanence à l'administration de l'armée territoriale.

On s'aperçut, plus tard, que cette rédaction se prêtait à une confusion. Elle supprimait, en effet, la pension et la remplaçait par une solde d'activité. Dans ce cas, ces militaires étaient fondés à réclamer une nouvelle pension.

Aussi, pour respecter l'esprit de la loi, ainsi que celle du 11 avril 1831, le Ministre de la guerre, général de Cissey, déposa, le 18 novembre 1875, un projet de loi modifiant les articles 18 et 53 de la loi du 13 mars 1875.

L'article 18 fut ainsi rédigé :

« Les officiers retraités de tous grades peuvent être admis dans le service du recrutement et y être maintenus jusqu'à l'âge de 63 ans; ils reçoivent, pendant la durée de leurs fonctions, une indemnité de service qu'ils cumulent avec leur pension de retraite. »

L'article 53 était, à son tour, ainsi modifié :

« Le personnel administratif de l'armée territoriale.....

» La solde attribuée aux capitaines-majors, aux officiers adjoints et aux sous-officiers qui sont en activité de service est celle que les règlements allouent aux mêmes militaires (armée active) employés dans le recrutement.

» Les officiers en retraite reçoivent, pendant la durée de leurs fonctions, la même indemnité de service que les officiers retraités qui sont employés dans le service du recrutement. *Ils la cumulent avec leur pension de retraite.* »

Et il déterminait, en outre, les allocations à faire aux officiers démissionnaires, lesquelles n'étaient pas précisées dans la rédaction primitive.

Il ajoutait, pour cela :

« Les officiers démissionnaires ont droit, selon leur grade, à la même indemnité pendant la durée de leurs fonctions. »

Ainsi que nous l'avons vu, cette indemnité n'était autre que le *traitement*, prévu par l'article 53 de la loi du 13 mars 1875.

D'ailleurs, le règlement définit ainsi les traitements :

« Sont considérés comme traitements, les indemnités spéciales, ou salaires alloués aux officiers assimilés retraités et employés à titre d'auxiliaires permanents, par l'Etat, les départements, les communes ou les établissements publics. »

La loi du 29 décembre 1882 réalisa ces modifications par son article 19 ainsi conçu :

« A compter du 1er janvier 1883, les capitaines en retraite, employés au recrutement et à l'armée territoriale, recevront une indemnité uniforme de 1.800 francs. » Cette indemnité n'était en réalité qu'un traitement, ainsi qu'elle était dénommée par la loi du 1er février 1868 sur la garde nationale mobile.

Il n'y avait plus alors dans ces services, comme retraités, que des officiers du grade de capitaine.

Cette modification avait pour but de maintenir le caractère inviolable de la pension, de conserver aux officiers retraités le bénéfice de leurs services antérieurs et de leur appliquer l'article 6 de la loi du 11 avril 1831, qui leur permettait de cumuler leur pension et leur traitement (leur indemnité n'étant qu'un traitement), mais non de compter leurs services comme effectifs, en dehors du cas de mobilisation. Donc, la loi du 13 mars 1875, non seulement n'interdit pas le cumul d'une pension militaire et de la solde d'activité, mais elle en consacre le principe en l'appliquant même aux militaires retraités faisant un service militaire permanent.

En aucun cas, elle n'a pu avoir pour but d'interdire ce cumul aux militaires retraités revenant sous les drapeaux seulement pour faire la guerre.

Elle ne pouvait que respecter les lois du 18 thermidor an II et du 28 fructidor an VII, ainsi que celle du 11 avril 1831 qui nous régit aujourd'hui.

## 16° LOI DU 1er JUIN 1878.

La loi du 1er juin 1878 est ainsi conçue :

« Art. 1er. — Les militaires de la réserve et de l'armée territoriale autres que ceux mentionnés à l'article 53 de la loi du 13 mars 1875 cumulent, en temps de paix, les traitements ou pensions dont ils jouissent avec leur solde et les prestations qui leur sont attribuées pendant les exercices ou manœuvres auxquels ils sont convoqués. » Il n'y a pas lieu, en effet, de s'occuper des militaires visés par l'article 53. Pour ceux-là, le cumul de la pension avec leur indemnité ou traitement a déjà été prescrit par la loi du 13 mars 1875, complétée par celle du 29 décembre 1882.

« Art. 2. — Le temps passé sous les drapeaux dans les conditions prévues à l'article précédent n'entre pas dans la supputation des services militaires donnant droit à pension.

» Toutefois, les dispositions du titre II de la loi du 11 avril 1831 (pensions pour blessures ou infirmités) sur les pensions militaires restent toujours applicables aux militaires de la réserve et de l'armée territoriale. »

Pourquoi cette loi a-t-elle été faite?

L'exposé des motifs nous le dit :

Elle a été faite, surtout, pour permettre aux fonctionnaires civils appartenant à la réserve ou à l'armée territoriale de cumuler, pendant leurs périodes d'instruction, leur traitement avec la solde militaire d'activité.

Ce cumul leur était interdit par l'article 65 du décret du 31 mai 1862.

L'exposé des motifs disait, en effet, qu'il n'était pas juste de leur faire l'application de ces dispositions pendant l'éloignement momentané de leurs foyers.

Ainsi que nous l'avons vu en examinant les lois du 1er février 1868 et 13 mars 1875, procédant de celle du 11 avril 1831, les officiers retraités appartenant volontairement à la réserve et à l'armée territoriale, car ils n'y étaient pas obligés, la loi du 22 juin 1878 étant postérieure à celle du 1er juin, possédaient déjà le droit au cumul demandé pour les fonctionnaires civils réservistes ou territoriaux.

La loi du 1er juin n'a pu le leur enlever; c'est pourquoi le texte ne les a pas mentionnés et n'a visé, d'une manière générale, que *les militaires* de la réserve et de l'armée territoriale sans distinction.

Les officiers retraités de complément s'y sont trouvés naturellement englobés, conformément à l'article 6 de la loi du 11 avril 1831.

La loi du 1er juin 1878 n'a donc pu avoir pour effet de restreindre leur droit au cumul, mais seulement de le confirmer une fois de plus.

## 17° LOI DU 22 JUIN 1878.

Cette loi n'a d'autre but que d'augmenter le taux de la pension de retraite des officiers sans toucher aux principes fondamentaux de la loi du 11 avril 1831.

Dans un premier projet élaboré par Gambetta et Antonin Proust, le taux de la pension avait été fixé aux deux tiers de la solde d'activité, mais on s'aperçut que les soldes n'étant pas les mêmes pour toutes les armes, tous les officiers d'un même grade n'auraient pas eu la même pension.

Le tarif annexé à la loi fixa alors un taux unique par grade, basé sur les deux tiers de la solde la plus élevée.

A ces avantages, la loi fit correspondre l'obligation de rester pendant cinq ans à la disposition du Ministre de la guerre, qui ne pouvait les employer que dans la réserve ou l'armée territoriale et, dans cette dernière arme, même avec un grade supérieur.

Pendant ces cinq ans, ils restaient soumis aux règlements militaires sur la réserve et l'armée territoriale. La loi du 14 avril 1832 ne leur permettait pas, en effet, d'être replacés dans les cadres de l'armée active.

La loi porta également à 5 p. 100 la retenue de 2 p. 100 faite aux officiers sur leurs appointements. Cette loi reste donc étrangère à la question du cumul.

## 18° LOI DU 18 AOUT 1879 SUR LES PENSIONS DE SOUS-OFFICIERS, BRIGADIERS OU CAPORAUX ET SOLDATS.

Je ne citerai cette loi que pour mémoire, car elle ne mentionne aucune interdiction de cumul.

Les militaires non officiers retirés après vingt-cinq ans de service rentrent dans les règles ordinaires de l'article 6 de la loi du 11 avril 1831.

Quant aux militaires retraités avec pension proportionnelle, leur droit au cumul est formel lorsqu'ils font un service militaire non permanent ou qu'ils occupent un emploi civil.

C'est pour cela que l'article 67 du décret du 31 mai 1862 a été l'objet, de la part du ministère de la guerre, de l'adjonction suivante (*Bulletin officiel*, volume 23 mis à jour à la date du 10 novembre 1917, renvoi A) :

« Dans les pensions pour services militaires *non soumises aux dispositions prohibitives du cumul de traitements*, il y a lieu de comprendre les pensions proportionnelles des sous-officiers, qui peuvent se cumuler avec les traitements civils des emplois réservés aux sous-officiers par la loi du 24 juillet 1873 et par celle du 18 mars 1889. »

Ces dispositions ne sont que l'application de l'article 5 de la loi du 28 fructidor an VII, disant que la solde de retraite n'est pas incompatible avec les traitements attachés aux fonctions civiles.

De même les dispositions de l'article 4 de cette même loi ne peuvent leur être applicables que s'ils sont de nouveau replacés *à titre permanent* dans les cadres de l'armée active pour y acquérir une pension d'ancienneté de service.

Les seuls militaires retraités avec pension proportionnelle se trouvant dans ce dernier cas sont ceux qui ont été réintégrés dans l'armée active, en vertu de la loi du 1er août 1913, des décrets des 12 novembre, 3 décembre 1914 et 29 janvier 1916 et de la loi du 21 décembre 1916, fixant le nombre de ces militaires susceptibles d'être replacés avec leur grade dans l'armée permanente et où ils se trouvent encore aujourd'hui pour y continuer leur carrière jusqu'à leur retraite pour ancienneté de service.

La limite d'âge pour être replacé dans l'armée active était de 35 ans pour les sous-lieutenants et les lieutenants et 40 ans pour les capitaines.

La proportion des admissions avec les promotions à chaque grade était de :

25 p. 100 : sous-lieutenants et lieutenants;
15 p. 100 : capitaines;
2 p. 100 : chefs de bataillon;
1 p. 100 : lieutenants-colonels et colonels.

Ceux-là seuls ne peuvent pas cumuler leur pension avec la solde d'activité.

Mais il était inutile de le dire, car ce cumul est matériellement impossible, le Ministre de la guerre ayant dû informer le Ministre des finances de la nouvelle situation de ces militaires, afin de les faire rayer du grand-livre de la Dette publique.

## 19° LOI DU 26 DÉCEMBRE 1890.

Je ne citerai cette loi, dite loi Burdeau, que pour mémoire; modifiée le 31 décembre 1897 et le 31 juillet 1920, elle n'a eu qu'un seul but, celui de limiter le cumul de la pension militaire avec un traitement civil.

## 20° RÈGLEMENT DU 10 JANVIER 1912.

Ce règlement dit, en effet, à l'article 13, qu'on ne peut cumuler la solde avec une pension, civile ou militaire, ou un traitement quelconque. Mais un règlement ne peut abroger une loi et ne peut édicter des mesures contraires à la loi. Comment, alors, a-t-il pu prescrire cette mesure? En voici l'explication :

On sait que le règlement du 10 janvier 1912 n'est qu'un règlement sur la solde qui a reproduit, ainsi que ses précédents, y compris celui du 3 avril 1869, les dispositions de l'ordonnance du 25 décembre 1837 portant règlement sur la solde, sans se soucier si ces dispositions étaient toujours en vigueur pour les militaires comme elles l'étaient pour les fonctionnaires civils et sans faire de distinction.

Nous avons vu que cette ordonnance ne faisait que reproduire l'article 27 de la loi du 25 mars 1917, abrogé le 9 juin 1853, et que cette loi du 25 mars 1817 ne faisait que reproduire elle-même les dispositions de l'article 10 de la loi du 22 août 1790.

Mais nous avons vu aussi que, pour les militaires, ces dispositions avaient été abrogées par les lois du 18 thermidor an II, 28 fructidor an VII et 11 avril 1831. L'article 13 du règlement 1912 ne pouvait donc concerner les militaires retraités, car il serait même contraire à la loi du 1er juin 1878 et il ne pouvait être valable que pour les fonctionnaires civils appelés sous les drapeaux et pour les militaires retraités avec pension proportionnelle réintégrés dans les cadres de l'armée active à titre permanent. Mais, comme nous l'avons déjà dit, pour ces derniers, l'indication de l'interdiction n'est pas nécessaire.

Tel était considéré l'esprit de cet article, par le gouvernement lui-même, qui rédigeait ainsi l'article 2 du décret du 29 août 1914 :

« L'application des dispositions de l'article 13 interdisant le cumul *d'une solde militaire et d'une pension civile* est suspendue pendant la durée de la guerre, à l'égard seulement des militaires ne jouissant pas d'une solde mensuelle. »

On voit, par cette rédaction, que cet article 13 ne concerne que les pensions civiles et non les pensions militaires. Il a été, d'ailleurs, considéré comme inexistant par le ministère des finances qui, par circulaire n° 231, en date du 28 août 1914 de la Dette inscrite, a permis aux fonctionnaires civils et aux retraités civils mobilisés de cumuler leurs pensions ou traitements avec la solde militaire d'activité.

Pour consacrer cette mesure maintenue en faveur des fonctionnaires civils, contrairement au décret du 29 août précité, le gouvernement déposa un projet de loi faisant ressortir que le décret du 10 janvier 1912, qui reproduisait les dispositions de l'article 27 de la loi du 25 mars 1817, déjà abrogé, devait être considéré comme étant sans valeur.

Ce projet de loi est, en effet, devenu la loi du 20 avril 1920, qui a permis aux fonctionnaires et retraités civils de cumuler leur traitement ou pension avec la solde d'activité mensuelle depuis leur mobilisation jusqu'à leur renvoi dans leurs foyers. Dès lors, les dispositions prohibitives de cumul prescrites par le décret du 19 janvier 1912 doivent être considérées comme nulles et, pour se rendre compte du cas qu'il faut en faire, il n'y a qu'à répéter ce que disait un membre du gouvernement en 1917, M. Breton, aujourd'hui sénateur du Cher, lequel s'exprimait ainsi :

« On ne peut s'abriter derrière un règlement pour couvrir une action notoirement injuste ni trouver dans un texte quelconque la justification d'un acte contraire au bon sens. »

## 21° LOI DU 13 DÉCEMBRE 1913.

Cette loi n'est citée que pour mémoire, car elle ne concerne que le cumul des pensions avec les traitements civils.

---

## CONCLUSION.

Nous venons de passer en revue tous les document législatifs et administratifs traitant des pensions militaires et de leur cumul avec la solde d'activité.

Beaucoup de ces documents sont abrogés, mais pas un seul ne contient une interdiction pour les militaires retraités, reprenant momentanément du service pour la guerre, de cumuler leur pension avec leur solde. Tous, au contraire, sont d'accord pour prescrire ce cumul.

De toutes ces lois il faut retenir :

1° La loi du 18 thermidor an II, qui, la première, a abrogé pour nous les dispositions de l'article 10 de la loi du 22 août 1790 et a établi le principe général que les militaires retraités se dévouant de nouveau au service de la patrie pendant une guerre doivent cumuler leur pension et leur solde;

2° La loi du 28 fructidor an VII, dont l'article 4, contrairement à ce que pensait le Ministre des finances en 1914, confirme les dispositions de celle du 18 thermidor an II;

3° La loi du 11 avril 1831, qui est encore aujourd'hui la charte de pensions militaires et dont l'article 6 est formel pour confirmer les dispositions des lois précédentes en faisant ressortir notre droit au cumul.

Telle était la législation lorsque parut le décret du 12 août 1914. Nous avons déjà dit comment il a vu le jour et la seule excuse des bureaux de la Dette inscrite où il a été préparé, c'est d'avoir ignoré le rapport qui a motivé la rédaction de l'article 4 de la loi du 28 fructidor de l'an VII.

Mais ce qui n'est pas excusable de sa part, c'est d'avoir tronqué le texte de cet article en supprimant les mots : « pour un service militaire permanent », afin de justifier la mesure illégale que le Ministre des finances devait prendre contre les militaires retraités rappelés pour la guerre, avec solde mensuelle.

Ainsi que l'a rappelé l'éminent chef du gouvernement actuel, M. Raymond Poincaré, dans un article assez récent paru dans le *Temps*, Voltaire disait que : « tronquer les textes, c'est les falsifier ».

Et c'est justement sur un texte tronqué qu'on a fait signer au Président de la République le décret du 12 août 1914, dont l'application a, d'ailleurs, donné lieu à des inégalités choquantes. Ainsi :

Un adjudant de gendarmerie, retraité à vingt-sept ans de service, sans emploi civil, percevait 130 fr. 50 par mois (solde sans pension);

Un adjudant retraité, avec pension proportionnelle et emploi civil, et mobilisé à solde mensuelle, percevait 380 fr. 50 par mois (solde et traitement sans pension);

Un adjudant retraité, devenu sous-lieutenant de réserve, percevait 270 francs par mois (solde sans pension), et lieutenant, 331 francs par mois (solde sans pension), alors qu'un adjudant retraité avec un emploi civil et à solde journalière, pouvant cumuler sa pension avec son traitement civil et sa solde, percevait 440 fr. 50 par mois.

Nous avons déjà vu que ce décret n'était pas nécessaire pour permettre aux militaires retraités, mobilisés à solde journalière pour la durée de la guerre seulement, de percevoir leur pension et leur solde.

Ce droit, ils le tenaient dudit article 4, qui était, par erreur de la Direction de la Dette inscrite, considéré comme prohibitif de ce cumul.

Tel qu'il a été conçu, le décret du 12 août 1914, ratifié par la loi du 17 mars 1915, ne pouvait donc s'appliquer qu'aux seuls militaires retraités avec pension proportionnelle et replacés à *titre permanent dans l'armée active*. Pour en bénéficier, ces militaires ne devaient pas être à solde mensuelle.

Mais, en aucun cas, il ne peut viser les militaires retraités ayant repris du service seulement pour la durée de la guerre et non pour un service militaire permanent, car il serait insensé de dire qu'il suffit de percevoir une solde mensuelle pour faire un service militaire permanent. Ce serait alors interdire aux officiers de réserve ou de l'armée territoriale, accomplissant en temps de paix un stage ou une période d'instruction, de cumuler leur pension ou traitement civil avec la solde, sous prétexte que, percevant une solde mensuelle, ils font un service militaire permanent.

Ainsi que l'a déclaré le Ministre d'Etat à la séance de la Chambre des députés du 10 janvier 1868 et le général Chareton, rapporteur de la loi du 24 juillet 1873, le service militaire permanent ne peut être accompli que dans les cadres constitutifs de l'armée active, seule armée permanente.

« Là il est permanent, parce qu'il est continu, engageant la vie pendant plusieurs années, obligeant à s'écarter de toutes les autres carrières, à renoncer aux droits politiques et empêchant de se livrer à tout commerce ou industrie.

« Tandis que, dans la garde nationale, comme dans la réserve et l'armée territoriale, le militaire n'y fait pas de service en temps de paix; il ne fait qu'y subir des exercices dans l'intérêt de son instruction; et celui qu'il fait en temps de guerre ne peut avoir qu'une durée momentanée de quelques mois, d'une année, peut-être plus, mais pendant laquelle il n'abandonne pas sa carrière ou ses fonctions civiles dont il conserve les avantages en continuant même, le cas échéant, à exercer son mandat électif. »

Qu'il soit en retraite, dans la réserve ou dans l'armée territoriale, le militaire qui n'est plus dans l'armée active à titre permanent ne cesse pas d'être, pendant son activité momentanée en temps de guerre comme auxiliaire de l'armée active dont il a les avantages, un militaire en retraite, de la réserve ou de l'armée territoriale. Ce sont les lois du 28 fructidor an VII, des 22 mars et 11 avril 1831, du 14 avril 1832, du 19 mai 1834, du 1er février 1868, du 24 juillet 1873, du 13 mars 1875, du 22 juin 1878 et le décret du 10 décembre 1907 (article 15) qui en ont ainsi décidé, et son service, même avec une solde mensuelle, ne peut être permanent.

D'un autre côté, serait-il possible, par exemple, de considérer comme permanent, sous prétexte qu'il était accompli avec solde mensuelle, le service repris par un officier retraité dans les conditions du capitaine Dumas, tombé au champ d'honneur avec la citation suivante :

« Dumas (Arthur), capitaine de cavalerie, détaché au 44e régiment d'infanterie.

» Blessé pour la première fois à Mentana, a chargé avec le général Margueritte, en 1870; pris à Sedan, s'est échappé et a terminé la campagne à l'armée de la Loire.

» Pendant trente ans, s'est trouvé partout où il y avait des coups à recevoir ou à donner; dans l'Extrême-Sud oranais, en Tunisie, au Gabon, à la Côte-d'Ivoire, au Soudan, sur la frontière marocaine; sa carrière terminée, a été volontaire au Transvaal.

» A 60 ans, a voulu reprendre du service, est allé faire le coup de feu en Belgique; pris, s'est échappé, a été mis hors de combat, par six blessures à la bataille de la Marne, s'est battu aux Dardanelles, dans la vallée du Vardar; bousculé par un obus, a rejoint son nouveau corps pour assister aux affaires de Verdun, blessé alors qu'il défendait un village encerclé par l'ennemi.

» A été blessé dix fois, est mort après une vie d'honneur et de loyauté, le 11 août 1916, de la mort qu'il avait toujours rêvée, pour la France, en menant ses hommes à l'assaut d'une position ennemie sur la Somme. »

Non, une pareille aberration n'est pas possible et le droit des militaires retraités, dégagés de toute obligation militaire ou non, n'ayant repris du service dans la réserve ou l'armée territoriale que pendant la durée de la guerre, n'est pas discutable.

Ceci acquis, pourrait-on prétendre que le décret du 12 août 1914 (ratifié par la loi du 17 mars 1915) aurait créé une législation nouvelle et étendu l'interdiction limitée du cumul qui résulte de l'article 4 de la loi du 28 fructidor an VII à tous les cas où un militaire titulaire d'une pension de retraite toucherait une solde mensuelle?

Le texte même dudit décret protesterait contre cette prétention, puisqu'il a pour unique objet de déroger aux prescriptions de la loi du 28 fructidor an VII au profit d'une catégorie spéciale de militaires qui tombaient sous ces prescriptions; et les arrêts du Conseil d'Etat disant que les militaires retraités percevant une solde mensuelle ne doivent pas bénéficier de ce décret, ne peuvent ni nous viser ni nous atteindre, nous qui n'avons pas servi à titre permanent.

Pourrait-on subsidiairement prétendre que, par ces mots, « *les prescriptions de la loi du 28 fructidor an VII qui interdisent le cumul d'une solde militaire et d'une pension* », le chef de l'Etat, auteur du décret, en tronquant le texte de l'article 4, aurait interprété la loi du 28 fructidor an VII comme interdisant sans distinction « le cumul d'une solde militaire et d'une pension militaire »?

Rien, ni dans le rapport ayant précédé le décret, ni dans les travaux préparatoires de la loi qui l'a ratifiée, n'autorise cette conclusion.

Décret et loi n'ont qu'un objet, celui que leur texte indique. Quant au sens et à la portée de l'article 4 de la loi du 28 fructidor an VII, il n'est plus possible de l'ignorer depuis que le rapporteur de cette loi, le représentant du peuple au Conseil des Anciens, M. Boutteville, de la Somme, nous l'a fait connaître.

On ne peut ignorer, non plus, le sens de l'article 6 de la loi du 11 avril 1831, depuis que le maréchal Soult, Ministre de la guerre, nous l'a clairement exposé dans l'appendice à son rapport de la loi dont il est l'auteur.

Dès lors, notre droit, tel qu'il a été établi par les législateurs du 18 thermidor an II, du 28 fructidor an VII et par ceux du 11 avril 1831, est évident. Il n'y a donc plus qu'à le satisfaire et à reconnaître ce que le Ministre des finances proclamait à la séance de la Chambre du 28 avril 1921 en s'exprimant ainsi :

« La pension est une dette de l'Etat au même titre que la rente et aussi sacrée que n'importe quelle autre. *Elle est intangible* et l'Etat ne peut rien enlever des avantages accordés aux pensionnés. »

Elle est incessible et, à l'exception des cas spécifiés par la loi de 1831, elle est insaisissable.

Nous demandons alors à l'opinion publique ce qu'elle penserait du fait suivant :

Un ouvrier a travaillé pendant vingt-cinq ans dans une usine; par ses versements, il s'est constitué une retraite pour sa vieillesse. A 50 ans, il s'est retiré pour se reposer. La guerre éclate, l'usine a besoin du personnel expérimenté, elle fait appel à cet ouvrier retraité et lui dit : « Venez travailler, car le sort de la patrie, pour laquelle nous devons faire un suprême effort, en dépend. » L'ouvrier n'hésite pas un seul instant, il se met au travail et reçoit le même salaire que les autres ouvriers nouvellement embauchés.

Tout à coup, on lui dit : « Vous ne pouvez pas toucher votre salaire et votre pension, nous vous retenons celle-ci. »

« — Mais, répond justement l'ouvrier, mon salaire paye le travail que je fais en ce moment et ma pension est le fruit de mon travail passé, vous ne pouvez pas y toucher; si vous me la retenez, vous commettez une usurpation, que l'opinion publique ne manquera pas de réprouver. »

Notre cas est le même, et l'on ne saurait nous opposer la revision de nos pensions, laquelle a été prescrite uniquement pour compenser les nouveaux risques inhérents à la guerre et, le cas échéant, la responsabilité encourue dans les fonctions des nouveaux grades qui ont pu nous être conférés.

La loi, formelle à cet égard, n'admet pas que l'on puisse considérer cette revision comme une faveur ou une libéralité et encore moins qu'elle soit réalisée au moyen de nos propres deniers.

L'opinion publique ne peut donc approuver la confiscation dont nous avons été victimes, ni la spéculation que l'Etat ferait sur les vieux défenseurs de la patrie en les frustrant, pendant qu'ils sont, pour elle, sous les balles et les obus, d'une modeste pension, leur propriété et leur seule ressource pour assurer l'existence d'une famille qui, ayant partagé avec son chef les difficultés de la vie militaire, se trouve, pendant son absence, dans l'angoisse et souvent dans la gêne.

L'Etat serait bien coupable s'il retenait à un militaire retraité sa pension annuelle de 4.000 francs, par exemple, pour ne lui servir qu'une rente personnelle et seulement viagère de 100 francs par an, représentant une année de service et une campagne, cette rente n'étant, de par la loi, que la récompense de ses nouveaux services, alors qu'il en retirerait, lui Etat, un intérêt de 6 p. 100, soit 240 francs, tout en restant à perpétuité propriétaire du capital.

Ce serait là non seulement une spéculation, mais aussi un acte injuste et arbitraire ne pouvant que s'attirer la réprobation générale de l'opinion publique.

Si nous avons tenu à détruire aux yeux de celle-ci, par des preuves irréfutables, une légende erronée et trop répandue, nous tenons également à affirmer qu'en soutenant notre droit et en poursuivant la réparation d'une injustice et d'un abus commis à notre égard, nous défendons un intérêt assez large pour déborder tous nos intérêts particuliers et se répandre sur cette armée qui sera encore demain et toujours ce qu'elle a été hier : la sauvegarde du pays pour lui assurer la paix qui est son suprême idéal.

Dans un discours prononcé dernièrement à une réunion des anciens combattants au palais de justice, M. Albert Salle, bâtonnier de l'ordre des avocats, s'exprimait ainsi :

« J'entends encore les paroles réconfortantes que vous adressait, à cette même place, un Président de la République que nous respectons et que nous aimons parce qu'il a incarné la France outragée, la France blessée et la France victorieuse, quand, en louant vos vertus, il proclamait que les défenseurs de la nation font les meilleurs défenseurs du droit... »

Eh bien, si nous avons combattu et vaincu au nom de la justice et du droit, la France nous laissera-t-elle victimes d'une injustice et de la violation de ce droit?

Non, cela n'est pas possible, et nous sommes sûrs que les juges du Conseil d'Etat qui sont appelés à confirmer notre droit n'hésiteront pas, aujourd'hui qu'ils sont mieux éclairés par des documents qui étaient restés ignorés, à reconnaître que l'injustice commise à notre égard doit être réparée.

En cela, ils seraient d'accord avec le service compétent du ministère de la guerre (sous-secrétaire de justice militaire) qui a déclaré, en 1919, que la pension antérieure des militaires retraités mobilisés n'a été que suspendue pendant la durée des hostilités et qu'ils ont droit au rappel des arrérages impayés, rappel qui sera consenti dès qu'une loi de finances aura affecté les crédits nécessaires.

On ne saurait nous objecter que les finances de l'Etat sont obérées et qu'il lui sera difficile de nous rembourser les sommes qu'il nous doit.

Cette objection ne peut tenir debout devant le droit, qui exige la restitution de ce qui nous appartient.

Mais loin de la négliger, et en pensant à la situation difficile de notre France aimée et éternelle que nous voulons servir en toutes circonstances, nous montrerons que nous sommes les premiers à en tenir compte en nous contentant d'être traités comme les victimes des régions dévastées, auxquelles on paye, en titres de rentes sur l'Etat, les indemnités qui leur sont dues pour les dommages qu'elles ont subis.

Nous avons donc confiance dans le jugement qui sera rendu, parce que notre cause est juste, notre droit évident, et nos revendications légitimes et aussi parce qu'en proclamant le droit des vieux défenseurs de la patrie, les juges du Conseil d'Etat parleront au nom de la France.

Commandant Gabrielli,
*Président de l'Amicale des militaires retraités des armées de terre et de mer, ayant repris du service pendant la guerre 1914-1919.*

Paris, 25 janvier 1922.

# TABLE DES MATIÈRES





PARIS, 124, BOUL. S^t-GERMAIN, ET LIMOGES. — IMP. MILITAIRE CHARLES-LAVAUZELLE ET C^ie

www.ingramcontent.com/pod-product-compliance
Ingram Content Group UK Ltd.
Pitfield, Milton Keynes, MK11 3LW, UK
UKHW022137260726
13993UKWH00005B/2004